心身が輝く
33の脳ポジメソッド

きらめきヨガ

ヨガセラピスト
林 たかこ
Takako Hayashi

カナリアコミュニケーションズ

Prologue

今の自分を変えたい人へ──

「もっとストレスをなくしたい」
「もっとポジティブになりたい」
「もっと美しく輝きたい」
「もっと幸せを感じたい」

もしあなたが、そんな思いを胸に抱いているなら、この本に書いてある「きらめきヨガ」のメソッドを毎日ひとつずつ実践してみるだけで、眠っているあなたの能力を目覚めさせ、自分史上最高の輝きを得ることができます。

きらめきヨガのメソッドはどれも、「呼吸」「姿勢」「言葉」をほんの少し変えるだけで、誰にでもできる簡単なものばかりです。

じつは、これらのメソッドは、私自身をどん底から救ってくれた方法でもあり、今の私があるのも、これらのメソッドのおかげといえます。


今の私しかご存知ない方は、「まさか?!」と思われるかもしれませんが、私は10代のころから人づき合いが大の苦手で、劣等感のかたまりでした。

芸能関係の仕事にも関わっていましたが、伝えたいことがなぜか相手に伝わらず、相手の顔色ばかりうかがっては落ち込んでいました。

20代後半のころ、対人関係のストレスやトラブルが重なってうつと摂食障害になり、体重が30kgにまで激減してしまったことも……。


「このままじゃいけない……自分を変えたい！」

心身ともにボロボロの中で、そう決意しました。

✿人生を輝かせる「きらめきヨガ」とは？

自分を変えるためには、まず言葉で思いを伝えられるようにしたいと考えて、アナウンサースクールに通うことにしました。

そこでプロのコミュニケーションの方法論を学び、練習を重ねるうちに、思いが伝わることとの素晴らしさを実感し、仲間も増え、アナウンサーの仕事もオファーされるようになって、どんどん自信がつきました。

20年以上も悩んでいたことが、わずか4カ月で変わったのです！

さらに、健康のためにヨガも始めたら、極度のあがり症が改善し、周囲からも「顔が優しくなったね」「元気になったね」といわれることが多くなりました。

しかも、ヨガを始めて姿勢や血行がよくなったせいか、身長が3㎝も伸び、低かった平熱も上がって冷え症まで改善したのです。

「ヨガってすごいなあ！」

ヨガの不思議な効果に興味を持った私は、本格的にヨガを学び、インド中央政府認定のヨガインストラクターの資格を修得しました。

さらに、モチベーションを上げて目標を達成するための方法を求めて出会ったのが、SBTスーパーブレイントレーニングです。

これは、大脳生理学と心理学を融合させた画期的な脳の訓練法で、多くのトップアスリートや経営者が、眠っている97%の潜在能力を引き出すために実践しているメソッドです。

この脳のトレーニング法と、ヨガの呼吸法をベースに、話し方・伝え方の方法論を組み合わせた独自のメソッドを編み出し、「きらめきヨガ」と名づけました。

「きらめき」と冠したのは、このメソッドを実践するだけで生きやすくなり、心も体もきらきら輝き、きらめきに満ちた毎日を送ることができるからです。

実際にヨガ教室やセミナーなどで「きらめきヨガ」を体験された方々は、みな生まれ変わったように瞳がきらきらと輝いています。

この本をきっかけに、あなたの人生が輝く「きらめきヨガ」をライフスタイルに取り入れてみませんか？

❀なぜストレスに負けない「脳ポジ」体質に変身できるの？

「きらめきヨガ」を実践することよって、あなたは次の5つの特徴を持った体質に変化します。

1．アンチストレス体質

ストレスを受けても、それをいつまでもため込んだりせず、ストレスを一瞬でを上手に解消できる「アンチストレス体質」になれます。

2．スマイル体質

頭をうなだれ、眉間にたてじわを寄せるネガティブな日常をリセットして、笑顔が絶えない「スマイル体質」になれます。

3．プラス体質

コミュニケーションが下手で自己主張ができず、他人に流されそうになっても、プラス方向に流れを切り替えられる「プラス体質」になれます。

4．ラッキー体質

自己評価が低くて自分に自信が持てず、チャンスを逃しがちな人生をチェンジして、幸運の女神に愛される「ラッキー体質」になれます。

5．ハッピー体質

幸せを漫然と待ちわびる生活から、幸せをぐいっと引き寄せ、自分だけでなく、周囲も幸せにできる「ハッピー体質」になれます。

この5つのポジティブな体質のことを私は「脳ポジ」と呼んでいます。

「きらめきヨガ」を身につければ、ストレスが消え、笑顔いっぱいの幸せな脳ポジ体質に生まれ変われるのです。

「なぜそんなに簡単に生まれ変われるの？」と不思議に思う人もいるでしょう。

その秘密は、「ヨガの呼吸法」によって潜在意識の扉を開き、「言葉・動作・イメージ」を使って脳をコントロールして脳ポジ体質に変わるからです。

それによって、ネガティブな自分の殻を破り、新しい自分に生まれ変われます。というと、複雑そうに思われるかもしれませんが、「きらめきヨガ」のメソッドは、とてもシンプルです。

思い癖や習慣を変えることは難しいけれど、この本を読めば、難しく考えなくても、なりたい自分になることができます。

すると、心身ともに健やかになり、外面的にも輝きを増し、周囲の人からも愛されるようになって、自分を取り巻く環境もプラス方向へと流れが変わってきます。

毎日この本の好きなページを開いて、そこに書いてあることを試してみるだけで、ムリしなくても、自分の体質も環境もよい方向へと自然に改善するのです。

ムリしない、がんばらない、痛みと向き合わない

「ヨガって身体が柔らかくないとムリじゃない？」

ヨガというと、そんな風に思われる方もいるかもしれませんね。

でも、ご安心ください。むしろ体がかたい人にこそヨガはおすすめですし、この本で紹介しているのは、少々体がかたくてもできる簡単なポーズや呼吸法ばかりです。

「きらめきヨガ」のコンセプトは、「ムリしない、がんばらない、痛みと向き合わない」がお約束です。

日本人はがんばることを美徳とする風潮があり、つらくてもムリし続けたり、必用以上に自分の痛みと向き合って自分を責め続けて自己嫌悪になり、自己評価が低くなっている人が多いように見えます。

でも、自分を押し殺してまでがんばることが美徳なわけではありません。

心も体もガチガチになっている自分自身に気づきましょう。

もっと自分の心と体をゆるめてバーンと解放してあげましょう。

それが、「きらめきヨガ」の根底に流れるメッセージです。


そもそもヨガは、今から約4500年前、インダス文明のころに生まれた精神統一法で、「執着をなくすために生まれた」といわれています。

私も20代後半の悩み多きころ、ヨガの聖地インドをひとり旅したことがありますが、「自分は何のために生きているのか」を真摯に問い続け、精一杯生きているインドの人たちにたくさん出会いました。それが自分を見つめ直すきっかけとなり、インドでいろいろな執着を手放し、心身ともにデトックスできました。

ヨガの創始者はひとりではなく、さまざまな人たちが長年かけて積み上げてきた、自然の摂理にかなった自然療法といえます。

ヨガは宗教ではありませんが、キリストもマホメットもブッダも、ヨガを取り入れた瞑想法で悟りを開いたといわれています。仏教の座禅も、ヨガの精神統一法の一種なのです。

近年は、ハリウッドセレブやスーパーモデル、トップアスリートがヨガを愛好したり、グーグルやインテル社でもヨガの瞑想や思想を取り入れるなど、ヨガを取り入れている人の数が世界的に増えています。

また、記憶力や集中力、成績アップのために、授業の合間にヨガの瞑想を取り入れている小中学校や高校、塾も増えているようです。

私が講師を務めるきらめきヨガの教室やヨガイベントに参加される方も、女性だけでなく男性も増えていますし、心身の健康のためにヨガをされている経営者の方も少なくありません。小さなお子さまから90代の年輩者まで幅広い年代の方がヨガを楽しんでいらっしゃいます。

２０１３年にロサンゼルスで開催した「ヨガと話し方セミナー（きらめきヨガ）」では、２５０名が参加してくれました。最年長の87歳の方は、ヨガで心身をゆるめ、言葉の力で心を解放すると、涙を流して感動なさっていました。

❀バラバラになった心と体をひとつにつなげる

ヨガという言葉は、ヒンディー語で「つながる」という意味があります。

本来、「心」と「体」は一緒のはずですが、情報過多で頭でっかちになりがちな現代人の多くは、心と体がバラバラになってしまっています。

毎日毎日、雑多な情報の洪水にのまれて、何が本当に必要な情報なのかわからなくなり、迷子になってしまっているのです。

心と体をつなげるのは、ヨガの基本である呼吸です。

呼吸を整えるだけで、簡単にそれをひとつにつなげてくれる方法が、ヨガの呼吸法なのです。

つまり、ヨガの呼吸法を実践することで、バラバラになっている心と体がひとつにつながり、つながりを回復することによって、思い描いたことが実現しやすくなり、自分の無限の可能性を引き出すことができるのです。

この「つながり」を回復することが、私たち現代人にはとても大切なことです。

現代人は、自分では健康なつもりでも、じつは心も体も疲弊しています。

効率ばかりを優先し、自然の営みと乖離した人工的な環境の中で暮らすことによって、心も体もストレスまみれでヘトヘトになっているのです。

だから、もうこれ以上、心と体にムリさせてがんばる必要はないのです。


さあ、「きらめきヨガ」で、脳ポジ習慣を身につけ、ガチガチになった心と体を喜ばせてあげて、きゅうくつな殻の中にいることにさえ気づいていない自分を、伸びやかな世界へと解放してあげましょう。

林　たかこ

本書の使い方

どこから読んでもOK!

あなたが日常生活の中で出会う、たくさんのトラブルやストレスや悩み。

この本には、そうしたマイナスの感情をプラスへと自然に転化し、幸せを引き寄せる33のメソッドをご紹介しています。

最初から順にじっくり読み進めていっても、その日の気分で好きなページを開いて読んでいただいても構いません。


まず、目を閉じて、深呼吸を1回して、気持ちが整ったら、本をぱっと開いてください。

そのページに書いてあることが今のあなたに必要なことです。

まずは開いたページに書いてあるメソッドにトライしてみてください。
難しいテクニックも、特殊な道具も、お金も必要ありません。
「きらめきヨガ」は、心と体に優しく、ムリせずがんばらないことが信条ですから。

毎日、好きなページを開いて、そこに書いてあることを実践することによって、少しずつ姿勢がよくなり、ストレスが消えて、笑顔が増えていきます。

ネガティブな要素が、自然とポジティブな要素に変換されていきます。

どのページにも、「幸せの種」が仕込まれているので、ページを開くたびに、あなたを幸せにする種が自然にプラスされていきます。

やがて、たくさんの幸せの種から芽が出て、あなたの未来の庭を満開の草花で満たしてくれるでしょう。

Contents

Prologue

chapter 1

chapter
2

chapter 3

わくわくたのしむ Just enjoy!

編集協力　　　　　　　　　轡田早月
イラストレーション（猫）　赤塚里恵

Relax!

ゆるゆる
ゆるめる

Chapter 1

Method 1

寄せては返す波の呼吸

「もっとリラックスしたい」
「呼吸の仕方がよくわからない」

きらめきヨガのワークで「自分の呼吸を意識してください」というと、そんな風にいう方が少なくありません。

人は生まれた瞬間から呼吸が始まり、人生を終えるときに息を引き取ります。

24時間呼吸をしなければ生きられない人にとって、呼吸とは命の原動力であり、「呼吸すること＝生きること」です。

けれど、呼吸はあまりに当たり前すぎて、その大切さに気づかない人が多くいます。

この当たり前のことに気づいた瞬間から、世界は変わります。

呼吸を味方につけると、体調もよくなり、もっと生きやすくなります。

呼吸を味方につけるには、大前提として姿勢を整える必要があります。

なぜなら、ねじれたストローよりまっすぐのストローのほうが飲みやすいように、姿勢がゆがんでいると、気道もゆがんで呼吸しにくいからです。

まずは、「基本姿勢」を身につけましょう。

《基本姿勢》

1 胸を張ってあごを引き、３００m前方をまっすぐ見るつもりで立ちます。

2 足の指で地面をとらえ、足の裏全体にバランスよく体重が乗っているかを確認したら、お尻の穴をキュッと占めて、骨盤を安定させます。

3 息を吐くとき、お腹をしめて腰を引き上げると、背筋がピンとします。

4 吸う息で両手を前から上に挙げて万歳をします。

5 息を吐きながら、挙げた手の中指をできるだけ遠くに伸ばす感覚で、横から下に戻して脇をしめ、肩の力を抜きます。

基本姿勢を整えると、胸が自然に開き、心身の緊張がゆるみます。

また、姿勢を正すと、骨盤が立つので、体が疲れにくくなるだけでなく、お尻の穴をしめることでふんばりがきくようになり、ヒップアップや尿漏れ予防にも効果がありますさらに、姿勢がよくなると表情も柔らかくなるので、第一印象がよくなり、好感度もアップします。

人は自信がなくネガティブな気持ちのときは、背中を丸めてうつむき姿勢になりがちですが、気持ちがポジティブで自信があるときは、胸を張った姿勢になります。

脳は言葉や動作でイメージコントロールできるので、胸をピンと張って基本姿勢を整えることで、脳が「自信がある」と感じ、おのずと自信が湧いてきます。

さて、姿勢を整えたら、次は呼吸を整えます。

「1分間の基本呼吸ワーク」をして、正しい呼吸を身につけましょう。

《1分間の基本呼吸ワーク》

1 あぐらをかくか、椅子に腰かけ、骨盤と背骨をピンと立て、頭が天に引っ張られているようなイメージを想像します。

2 顔、肩、腕、背中、腰、太ももに力が入っていないかを確認し、「だら〜ん」とします。

3 寄せては返す穏やかな波のリズムに合わせるような感覚で、鼻から息を全部吐きってから、おなかをふっとゆるめると、自然に息が入ってきます。その息をまた静かに吐いていきます。自分の呼吸を1分間数えてください。

この呼吸ワークは、電車の中でも、カフェでも、会社でも、場所を選ばずどこでもできるので、気軽にやってみましょう。

そうすると、シチュエーションによって、1分間の呼吸数が多くなったり少なくなったりすることに気づくと思います。

私の教えているヨガ教室では、「ヨガをする前は1分間に20回も呼吸をしていたのに、ヨガをした後は1分間に5回になりました」という生徒さんもいらっしゃいます。

人は通常、肺の20％しか使っていないといわれます。

特にストレスで緊張しているとき、集中しているときは、無意識に呼吸が早くなり、酸素不足に陥っています。

「なんだかイライラする！」
「緊張で頭が真っ白！」

そんなときは、波打ちぎわに「ザブーン、ザブーン」と寄せては返す、穏やかな波のイメージを思い描いて呼吸を整えましょう。

そうすると、自然に呼吸が穏やかに整って、イライラが緩和し、落ち着きを取り戻せます。

自分と波が一体になったようなリズムで呼吸ができれば理想的です。この感覚が身につくと、最初の「ザブーン」の一呼吸だけで頭をリセットすることができるようになります。

今は口を開けて息を吸う「口呼吸」の人が増えていますが、口から息を吸うと肺にホコリや雑菌がストレートに入ってしまい、体に負担をかけてしまいます。

息を吸うときは、鼻から吸う「鼻呼吸」にすると、鼻毛や鼻の粘膜がフィルターになります。

また、鼻呼吸は口呼吸より副交感神経が優位になるので、リラックスできます。

鼻呼吸しやすいように、鼻の通りをよくするときは、「鼻抜きワーク」をします。

《鼻抜きワーク》

1 今の呼吸の感覚を覚えておいてから、右の鼻の穴を親指で押さえます。

2 手鼻をかむときのようにして、もう片方の鼻から息を「フン、フン、フン」と5回から10回連続で吐いて、肺の中の空気を全部抜ききったら、親指を離します。

3 左の鼻の穴を親指で押さえ、同様に鼻から息を抜きます。

4 そっと指を離し、呼吸すると、スーッと鼻の通りがよくなって、頭もすっきりしているのに気づくでしょう。

鼻の通りがよくなるのは、鼻に少しストレスを与えることで、呼吸機能が高まるからです。機能を改善する際には、適度なストレスも必要なのです。

鼻に限らず、心のストレスもうまく味方につければ、心も強くすることができます。

過度なストレスの後は、極上のリラックスが待っているのです。

Method 2

心と体をつなぐ

私たちは、さまざまな場面で合掌します。

たとえば、神社やお寺やでお参りをするとき。

「いただきます」と美味しいごはんに感謝するとき。

「うまくいきますように」と心の底から願うとき。

墓前で大切な人のご冥福をお祈りするとき。

合掌をすると、不思議と心がスッと落ち着きませんか？

それは、バラバラになっていた心と体が、左右の手のひらを重ね合わせることでひとつになるからです。

ヨガの発祥地インドでは、「こんにちは」「さようなら」というとき、「ナマステ」といって、ハートのチャクラがある胸の前で手のひらを合わせます。

「ナマステ」とは、「あなたの魂を尊びます」という意味で、挨拶をした人と、挨拶をされた人との「結合」を意味します。

合掌をして左右の手を合わせるということは、2つに分かれていた自分自身を結合するという意味でもあり、片方の手はその人の精神性を、もう片方の手はその人自身を象徴しています。

この合掌のポーズを使った1分間のおもしろいワークを試してみましょう。

まず、両手をあわせて、合掌してください。このとき、左右の手首の線をきちんとそろえ、指先に注目してください。中指の長さが左右まったく同じですか?

《右の中指のほうが短かった場合》

1 目を閉じ、中指を右の肩につけ、息を吸います。

2 息を吐きながら、右手を右方向にグ～ンと伸ばし、吐ききったら脱力。右手がジワ～ンとするのを感じます。

3 息を吸いながら右手を肩に戻し、1～3の動作を1分間ゆっくり繰り返した後、合掌して左右の中指の長さを確認します。

最初に手を合わせたときに短かったほうの中指が、前よりも長くなっていませんか？この合掌ワークをすると、多くの方が、「あっ、指の長さが変わっている！」と驚きの声をあげます。

もちろん、急に中指が何センチも成長するわけなどありません。

じつは、自分の指が急に伸びたのではなく、合掌のポーズをすることによって、縮こまっていた指が本来の長さに戻ったのです。

私たちは肩やに力が入っていたりすると、無意識に腕や指が変に縮こまってしまい、長さが目に見えて変わってくるのです。

たった1分間、深呼吸しながら手を伸ばしたり脱力したりする動作によって、やんわりゆるめてあげると、本来の正常な状態に戻すことができるのです。

合掌の動作を行なうことによって、肩や背中もじんわりほぐれ、目や頭もスッキリしパフォーマンスも上がります。

緊張で心も体もコチコチにかたまっているときや、パソコン作業に集中して肩や背中がガチガチになっているときは、ぜひこの合掌の動作を左右同時に行って、上半身をゆるめてみてください。

Method 3

悠々と急ぐ

「時間がないから、できるだけ段取りよくしたい」
「焦るとすぐパニックになる……」

時間に余裕がなくて焦っているときは、誰しもあたふたして、冷静な判断ができなくなり、それによってさらに焦りが助長されてしまいます。

私は司会する番組があるとき、準備にあまり時間がないからこそ、息をゆっくり吐きながら、テキパキした動作をします。体は息を吸うときに筋肉がこわばり、吐くときにゆるむ仕組みになっているからです。

朝のスタート地点から焦りモードになると、一日中ばたばたスイッチが入りっぱなしになってしまいます。

心の状態は、呼吸に必ず表れるので、今の呼吸に気づきましょう。呼吸をコントロールすることで、感情をコントロールし、言葉や動作を変えることで、脳をコントロールします。

「早く急がないと！」「もう間に合わない！」とか「落ち着け！」というと、脳は瞬時に過去最高に焦っていたときの状態を検索して、「ああ、もうだめだ……」といった諦めモードのスイッチがパチッとオンになってしまいます。

すると、脳幹から毒ヘビに匹敵するほどのマイナスホルモンが分泌され、判断力やパフォーマンスが落ちてしまうという悪循環に陥るのです。

焦りモードのスイッチをオンにしないためには、本当は時間がないとわかっていても、「まだ5分もあるから、大丈夫」と前向きな言葉を使いましょう。

準備がひとつでも終われば、「順調！」「もう準備できた。ラッキー！」といって脳を喜ばせてあげましょう。

もし、結果的に間に合わなかったとしても、改善すべき点を分析したうえで、最後はこんな前向きになれる言葉でしめましょう。

「でも平気平気！」

「まだまだ大丈夫！」

「これもいい経験」

「これからが本番」

なぜなら、脳は最後にいった言葉を信じるからです。

これは、自分に対してだけでなく、人に対しても同じです。

焦っている人に「早く早く！急がないと間に合わないよ！」とか「落ち着いて！」などとせかせか慌ただしい様子でいうと、よけいに相手を焦らせてしまうことになります。

相手が焦っているときこそ、落ち着いた声で、「まだ間に合うから大丈夫」「いけるいける」と、相手が前向きになれる言葉をいってあげるようにしましょう。


私はロケ先でインタビューをするときも、相手が緊張して早口になっているなと思ったら、優しい笑顔で相手の呼吸を読みながら、かなりゆっくりと話して私の呼吸に引き込みます。

すると自然に相手の呼吸もゆっくりになり、落ち着きを取り戻します。

さらに、対象に合わせようとするミラーニューロンの働きで、相手も笑顔になってリラックスし、その人のいいところを引き出すことができます。

イチロー選手は、試合の日には決まった足から家を出ると決めているそうです。過去に試合に勝ったときも決まった足から出ていたことから、決まった足で出る＝勝利という図式をイメージトレーニングしているのです。単なるジンクスではなく、それが脳のアンカリングとなり、実際に勝利に結びつくのです。

同じように、緊張して焦っているときほど、ゆっくり話し、ゆっくり呼吸してみてください。それが脳のアンカリングになって、脳がゆっくりしているときの落ち着いたモードになるので、気持ちが自然に落ち着いてきます。

「悠々として急げ」——これは作家の開高健氏が好んでよく使った言葉です。急いでいるときほど、悠々とすることを忘れないようにしましょう。

Method 4

私の耳は貝の殻

「もっと集中したい……」

「周囲がうるさくて考えがまとまらない……」

そんなときは、目を閉じ、耳を閉じて、自分の呼吸に意識を集中してください。
きっと、自分の呼吸が早いことに気づくはずです。
雑音が多くて、集中できないときは、呼吸が浅くなっているからです。
目を閉じ、耳を閉じて、外から入ってくる視覚や聴覚の情報をシャットダウンすると、どんなにうるさい環境でも、驚くほど心がスーッと落ち着き、リラックスモードにスイッチできます。

「私の耳は貝の殻

海の響きを懐かしむ」

これはフランスの詩人ジャン・コクトーの名詩『耳』の一節（堀口大學訳）です。子どものころ、海辺に落ちている巻貝の殻を拾ってそっと耳に当て、遠い潮騒のような不思議な音を聴いて遊んだことはありませんか？

自分の耳が貝殻になったようなイメージで、耳を閉じたまま、心地よい海景色や、あたたかな風、潮の香り、穏やかな波音を想像しながら、自分の呼吸をそれに合わせましょう。

自分が海と一体になったような、穏やかな気持ちに包まれます。

Method 1の「寄せては返す波の呼吸」でもお話ししましたが、波の満ち引きに呼吸を合わせると、自然と呼吸が整います。

進化を遡れば、ヒトの祖先は海から生まれたので、生命の源である海の響きに、どこか懐かしさを覚えてほっとするのかもしれませんね。

Method 5
痛いの痛いの飛んでいけ～！

「痛いの痛いの飛んでいけ～っ」

幼いころ、どこかをぶつけて「うわーん」と泣いていると、両親や幼稚園の先生が飛んできて、そんなおまじないをかけてくれませんでしたか？

不思議なことに、ぶつけたところを手でなでなでされると、なぜか痛みが少し引いたような気がしませんでしたか？

じつは、それは気のせいではなく、手でなでなでされたことで、本当に痛みがやわらいでいるのです。

その理由は、人の手のひらからは微弱な遠赤外線が出て血行がよくなるからです。遠赤外線とは、普通の赤外線よりも波長が長く、電波に最も近い光です。

自分で自分の顔に手のひらを当てると、何かほわっとあたたかい「氣」を感じませんか？　それが遠赤外線です。

家族や友人に目をつぶってもらい、相手に気づかれないようにそーっと手のひらを相手の顔に近づけて「何か感じる?」と尋ねてみてください。

「なんだか左のほっぺたがあったかいな」

相手は目をつぶっていても、手のひらのあたたかい「氣」をすぐに感知します。

昔の人は、治療のことを「手当て」といいましたが、手の遠赤外線パワーで、痛みがやんわりとやわらぐことを知っていたのでしょう。

ぶつけた箇所を手でなでたり、頭痛のときに手でこめかみを押さえたり、胃痛のときに胃を手でさすったりするのは、誰かに教わったというより、とっさにしてしまう本能的な動作なのです。

自分の体がどこか痛むとき、あるいは大切な人がどこか痛がっていたら、そっと手で触れて「痛いの痛いの飛んでいけ」をしてあげましょう。

優しい人の手のぬくもりで、心もほっこりします。

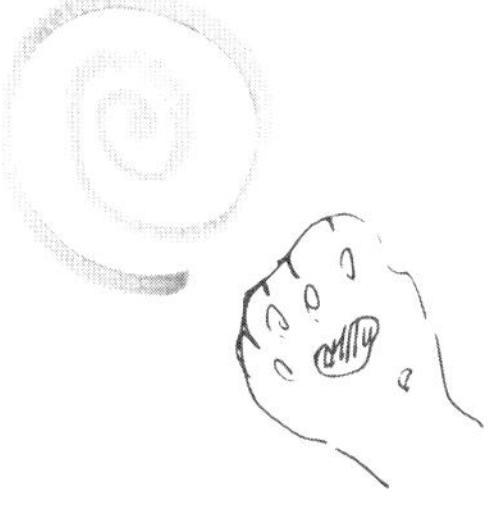

Method 6

しかばねになる

一日中ばたばたと忙しくしていると、夜ベッドに入っても、交感神経がピリピリ立って、疲れているはずなのに、なかなかリラックスして眠れません。

そんなときは、心身をすっかり脱力させてゆるめる「しかばねのポーズ」がおすすめです。

しかばねというと、怖い感じがするかもしれませんが、熟睡することを「死んだように眠る」と表現するように、まるでしかばねのようにだら～んと脱力するというイメージです。

眠る前に、ベッドでしかばねのポーズをすると、深いリラクゼーション効果が得られてぐっすり熟睡できます。

《しかばねのポーズ》

1 ベッドに仰向けになり、グーンと大きく伸びをして息を吐ききります。

2 左右の手のひらを上に向け、腕を腰から少し離します。

3 両足を自分が一番楽に感じる幅に開き、吐く息とともにだら〜んと力を抜いていきます。

4 そっと目を閉じ、眉間や歯のかみ合わせをゆるめていきます。

5 力んでいるところがないか、体を左右に揺らしながら脱力し、この心地よさに「ありがとう」と感謝しながら、静かに呼吸を繰り返すと、そのまま自然に眠りに落ちていきます。

しかばねのポーズは、力を入れずに寝ているだけのようですが、忙しい毎日を送っていると、横になって脱力しているようでも、ストレスで体が縮こまっていたり、体のどこかに無意識に力が入ってままになっていて、筋肉が緊張していることがよくあります。

きらめきヨガに参加される方の中にも「リラックスの仕方がよくわからない」という方や、不眠で自律神経、ホルモンのバランスが乱れている方が増えているように感じます。

自分ではリラックスしているつもりでも、力が抜けきっていないことが多いので、しかばねのポーズで頭のてっぺんからつま先まで完全に力を抜くリラックス感覚を味わってみてください。

ときどき、お腹を見せて気持ちよさそうにスヤスヤ爆睡している猫ちゃんがいますが、あんな感じをイメージしてもいいかもしれません。

ちなみに、立っていても手足をだら〜んと脱力することで、しかばねのポーズになることができます。

イチロー選手は、滝の水が頭のてっぺんから両手の中指の先を伝ってしたたり落ちる感覚をイメージトレーニングしながら、体の一部に力が入っていないか確かめるそうです。

しかばねのポーズをしているときは、脳からアルファー波が出て最高にリラックスしているときでもあります。

夢を叶える潜在意識の扉が開くゴールデンタイムなので、「なりたい自分」「成功している自分」「楽しい自分」など、より具体的にリアルにイメージしましょう。

脳はイメージと現実の区別ができないので、イメージが強いほど全力で応援してくれます。しかばねのポーズをしているとき、自分がいきいきとスムーズにはかどっているイメージを思い描くことで、メンタルの強化にもなります。

悩みごとが多いときほど、ネガティブなイメージになりやすい傾向があります。そんなときは、たとえネガティブな気持ちだとしても、「そうはいっても、ありがたいなぁ」「そうはいっても、これもいい勉強だなぁ」「そうはいっても、こうしてあったかいおふとんで眠れるだけでも幸せよね」といったプラスの方向に切り替え、口角を上げてハッピーな表情をするだけで、脳はそれに反応してプラスの方向に働き、良質な睡眠が得られるのはもちろん、実際にものごとがうまく運ぶようになります。

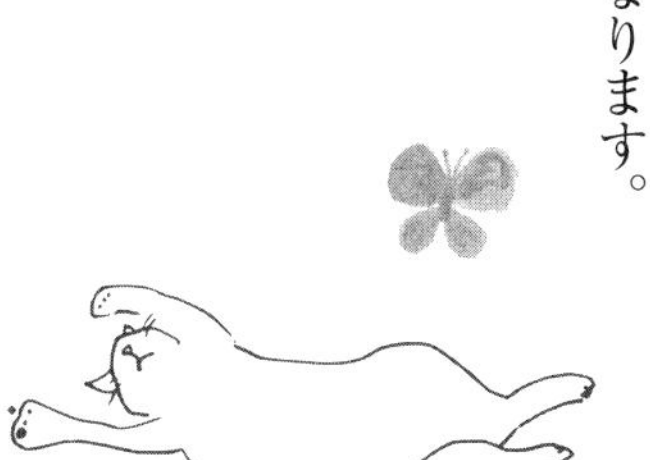

Method 7

見上げてごらん

「どうすればいいいか、悩ましいなあ……」
「なんだか煮詰まっちゃったなあ……」

そんなときは、空を仰ぎ、空に焦点を合わせて深呼吸をしましょう。

『上を向いて歩こう』『見上げてごらん夜の星を』という坂本九さんの有名な歌がありますが、視線をふと上げて遠い空に焦点を合わせると、目の前の問題からいったん離れることができ、心が解放されます。

凹んだときや、しょんぼりしているときは、どうしてもうつむき加減になって、視線も下向きになりますが、上を向くと小脳が反応して気持ちも自然と上向きになります。

気持ちが煮詰まってきたら、人目を気にせず、公園の広い芝生や屋上に寝転んで、Method 6でご紹介した「しかばねのポーズ」をしながら空を流れる雲に視線を合わせて深呼吸をすると、悩みが吹っ切れます。

屋内にいるときは、小さな窓でもいいので、目を上げて、視線を外に持っていって深呼吸をしましょう。たとえぎゅうぎゅう詰めの満員電車の中にいても、車窓から空を見上げるだけで、ふっと心が解放されます。

もし、外が見えない状況なら、自分の好きな風景を思い浮かべて、まるでそこにいるかのように深呼吸をするだけで、空気や香りが変わり、開放感が得られます。

どんなに苦しい状態のときも、それを受け入れて、イメージをふくらますことで、心地よい時間に変えることができます。

Method
8

オウム返しとろくろ回し

ときどき、人と意見が一致しないことがあるかもしれません。

でも本当は、自分も相手も、自分自身のことを承認してもらいたいだけなのです。

いいたいことをこらえてがまんしたり、ケンカをしたり、相手を傷つけたりするのではなく、互いにポジティブな関係性をつくりたいですよね。

プロローグでもお話ししましたが、私は子どものころからコミュニケーションがとても苦手で、人前で話すときは極度に緊張しました。

こちらが緊張していると、相手にもそれが伝わってぎくしゃくしてしまいます。

そうした緊張感をゆるめるポイントは、呼吸です。
ヨガの基本である呼吸は、コミュニケーションの基本でもあるのです。

話をするとき、人は必ず息継ぎをするので、相手の呼吸を読み、息継ぎのタイミングを待つことで、驚くほどスムーズなコミュニケーションが成立します。

誰しも、一生懸命に話している途中で話をかぶせてきて腰を折られると、ストレスを感じますが、相手が息を吸うタイミングで、一呼吸置いて「なるほど」と受けとめながら話を引き取ると、角が立ちません。

「Aです」といわれたら、たとえその意見に反対であっても、一拍置いて「Aなんですね」と相手の言葉をオウム返しにすると、相手の承認欲求が満たされて、こちらの意見にも好意的に耳を傾けてくれます。

いきなり否定語で相手をアタックせず、まずはオウム返しで相手の意向をキャッチするのがポイントです。

相手が一方的なマシンガントークを繰り広げて自分に酔っているときや、常に相手ペースで話していてこちらの意見がなかなかいえないときも、相手が息継ぎをするタイミングで話すと、会話の主導権をさり気なく自分に移行できます。

相手が早口で話す人だと、せかせかしたペースに巻き込まれて焦ってしまい、自分の思考やペースが乱され、呼吸も止まって苦しく感じます。

相手も同じように感じているはずなので、そんなときは、始めは相手のペースに合わせつつ、少しずつゆっくりとした自分の口調に乗せていきます。

すると、相手の行動を反射的に真似する脳のミラーニューロンの影響で、相手もスピードダウンして落ち着いて本音を話してくれるようになります。


また、大勢がワーワー議論している中で、自分の意見を訴えたいときは、とかく相手よりも大きな声で喋ろうとしがちですが、本当に大切なことをきちんと伝えたいときは、逆に小さな声でゆっくりと話し始めるのがポイントです。

「大切なことをこれからお話します」

と小さな声でゆっくり話すと、その場にいた人が「えっ、もう一回いってください」といって、グッと耳を傾けてくれます。

みんなが注目してくれたら、「ここが●大切なポイントです。●まず……」と、●の箇所を一拍置いて話し出すと、集中して聞いてくれます。

自分が話すときは、口角を上げ、「ろくろ」を回しているような手つきで穏やかに呼吸をしながら話をすると、オープンマインドで相手を受け入れている印象になります。

各国の首脳や、トップ経営者が話しているときの手の動きを観察してみると、まさに両手でろくろを回しながら、ふっくらした陶器の壷でもこしらえているような手つきで落ち着いて話をしています。

優しく微笑めば、相手も優しく微笑み、穏やかに話せば、相手も穏やかになり、オープンマインドで話せば、相手も心を開いてくれます。

Method 9

0・2秒のプラス思考

あなたは猫が好きですか?

もしあなたが大の猫好きなら、「好きです!」と1秒以内に即答しますよね。

でも、もしあなたがそれほど猫好きでなければ、「うーん、まあ、それほど好きじゃないですね」という風に、返答するまでに1秒以上かかりませんか?

通常、耳から入った情報に対して、脳は0・2秒内だと思考が働かないのでプラスに反応しますが、0・3秒以上だと思考が働くので、マイナス反応になりやすいといわれています。

大切な人と会うときは、0・2秒以内に笑顔であいさつをすると、あなたの印象がぐっとアップします。

信頼している人からの依頼は、0・2秒以内に「ハイ、わかりました」と即答で受けるとチャンスが増えます。

たとえばあなたが人に「お願いできますか?」と頼みごとをした際、「ハイ」と即答されるのと、「ああ、えーっと、わかりました」と答えられるのでは、心象がまったく違いますよね?

0・2秒以内に即答すると、80%は実際にできるといわれています。

「できる」
「ラッキー」
「ついてる」
「楽しい」
「喜んで」

といったポジティブな言葉は、さらにモチベーションをどんどんあげてくれます。

もしそう思っていなくても、脳は言葉を信じるので、脳を思う存分喜ばせる言葉を使いましょう。

このとき、たとえばガッツポーズをしたり、パチパチ拍手をしたり、万歳ポーズをすると、さらに脳がプラス方向に働いてメンタルを強化できます。
人は誰しも確証がないことには慎重になりがちですが、「できないかも……」と悲観的になったり、「だって○○だから」とできない理由をいいわけをしたり、「自分はついていないから」と決めつけたりするマイナス思考は、脳には百害あって一利なしです。
よく「あの人は運がいい」「自分は運が悪い」などといいますが、運とは受け身で待つものではなく、ポイントのように能動的にストックしていくものです。
たとえば――
苦手な人と笑顔で話せた。ひとつ苦手をクリア！　＋4ポイント
謝りにいったら、逆に誠実と信頼された。うれしい！　＋6ポイント
尊敬する人と握手ができた。ついてる！　＋10ポイント
遅刻ギリギリで焦ったけど、間に合った！　セーフ！　＋2ポイント
傘を忘れたら、憧れの人が傘に入れてくれた。ラッキー！　＋7点
こんな風に、マイナスの側面ではなく、プラスの側面にもスポットを当てるプラス思考が、チャンスをうまくつかむ原動力になるのです。

プラスのポイントや点数は自分で自由に決めて、楽しみながら運を管理していきましょう。

ラッキーポイントをストックするためには、難しく考えず、信頼する人には0・2秒で肯定的に反応する習慣をつけるようにしましょう。

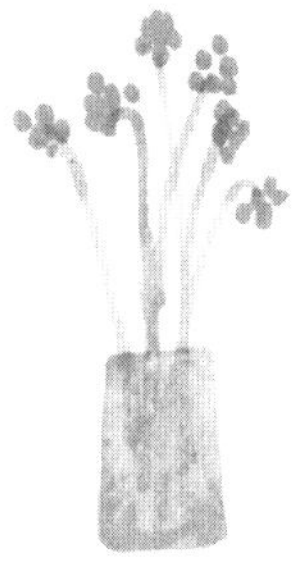

Method 10

赤ちゃんコロンコロン

誰しもかつては無垢な赤ちゃんでした。

あったかいお母さんのお腹の中は、とても幸福な命の営みの源泉です。

そんな幸福な記憶に思いをはせて、ベッドに寝転んで、赤ちゃんのポーズになってみましょう。

《 赤ちゃんのポーズ 》

1 ベッドに仰向けになり、両ひざを立てます。

2 息を吐きながら、太ももを上げて両ひざを胸に抱き寄せ、肩の力を抜いて深呼吸をします。

3 吐く息で、頭を少し浮かせて膝に近づけ、肩の力を抜いて深呼吸します。

4 膝を軽く抱えたまま、背中の筋肉を少しゆるめ、コロコロと左右に大きく揺れます。

赤ちゃんのポーズは「ガス抜きのポーズ」ともいわれ、整腸作用があるので、便秘や下痢のときにおすすめです。

コロコロと左右に揺れることで、骨盤も楽になり、かたくなっていた肩甲骨もゆるめられます。

また、腰のストレッチにもなるので、腰痛の予防や改善もできます。

年齢を重ねると、首の筋肉が弱くなり、脳の血流が悪くなりますが、頭を浮かせる祭に、首の筋肉を鍛えることができるので、血流もよくなります。

このポーズをすると、緊張が解けて全身がリラックスし、疲労を回復できるので、眠る前に行うのがおすすめです。

あるいは、朝起きたときにベッドで赤ちゃんのポーズをして、最後に起き上がりこぼしのように、くるんと起き上がると、全身の血行がよくなっているので、元気に目覚められます。

Method 11

サボテンの言葉

お花や観葉植物を室内に飾ると、みずみずしい状態が長く続きますか？それとも、すぐに枯れてしまうことが多いですか？

もし、後者の場合は、その空間は空気が澱んでいて、人にとってあまりいい環境ではありません。植物が元気に育つところは、人も元気になれるところです。

植物は言葉を語りませんが、植物に「きれいな花を咲かせてくれてありがとう」といったポジティブな声掛けをすることで、花が長持ちしたり、葉がつやつやしたりして、人の言葉に答えてくれます。特にサボテンは人間の言葉を理解するといいます。

ヨガの「サボテンのポーズ」をすると、縮んだ心が開き、自分の思っていることをがまんせずにいえるようになります。

《サボテンのポーズ》

1 肩の力を抜き、腕を90度上に曲げてガッツポーズをして手のひらを正面に向けて開きます。

2 左右の肩甲骨がぐっと近づくのを意識しながら、腕の付け根を軽く回します。

このポーズによって、肩甲骨のストレッチになるのはもちろん、喉にある第5チャクラをほぐすので、いいたいことをスッといえるようになります。

普段、咳払いが出やすい人や、下痢をしがちな人は、自分の思っていることをがまんしていえていない可能性があります。

なぜなら、いいたいことがいえないと、喉が緊張して咳払いが多くなったり、思いを飲み込んでしまうことでお腹を壊してしまうのです。

いいたいことを外に出せないと、血液にもよくない影響を及ぼすので、このサボテンのポーズをして、思いを素直に伝える習慣をつけましょう。

Change yourself!

みるみる変わる

Chapter 2

Method 12

迷ったときは自分の体の声を訊く

知人や友人から非常に興味深いイベントのお誘いがあったとき、もしあなたがひどく疲れていたらどうしますか？

Aさん「行ったほうがきっとタメになるに違いないから、しんどいけど体にむち打ってでも行こう！」

Bさん「すごく行きたいけど、ムリをすると体調を崩しそうだから、残念だけど今回はやめておこう」

あなたは、AさんとBさん、どちらに共感しましたか？

Aさんに共感した人は、自分の体の声を無視してでも、自分の思惑を優先させるタイプです。

Bさんに共感した人は、自分の体の声に敏感に耳を傾け、ムリせず体調を優先させるタイプです。

日本人は特に、体にむち打ってでもがんばるAさんのような人が多くいます。けれど、何ごとも「命あっての物種」です。


「仕事のためだから、風邪で熱っぽいけどミーティングに出席しよう」

「ダイエットのためだから、ひざが痛むけどがんばってジョギングを続けよう」

「せっかくのお誘いだから、寝不足でだるいけど参加しよう」

「楽しみにしていた旅行だから、頭痛がするけど行こう」


そんな風に、体の声を無視した選択ばかりしてムリし続けていると、過労で体を壊したり、うつのような心の病になったり……必ずそのしわ寄せが来ます。

プロローグでもお話したように、体にむち打ってでもがんばることが美徳では決してありません。

健康に自信がある人ほど、ちょっと具合が悪くても、「このくらい平気、平気」と自分の体の声をスルーしがちです。でも、「自分の体の声」を押し殺さずにちゃんと訊いて、「自分の体が喜ぶこと」をしてあげることが大切です。

《体の声を訊く》

1 目を閉じて、口角を上げ、ゆっくり呼吸をしながら、あなたの体のことを考えましょう。

体は、あなたの人生をよりよいものにしてくれる一番の応援者です。あなたが人生を思う存分楽しめるように、体は、どんなに疲れていたり、痛くて休みたい日でも、毎日休まず働いてくれています。そんな尊い体の声を優しく訊いてあげましょう。

2 胸の前で腕をクロスし、両手で軽く肩を抱きしめます。「ただひとつの大切な『体さん』、ありがとう」と感謝し、あたたかいメッセージを送りましょう。

このワークをすると、じんわりあたたかく体が応えてくれているかのような感覚になり、涙があふれてくることもあります。

体が「NO！」といっているときは、その声を優先させましょう。

体が「もう休みたい！」と叫んでいるなら、我慢せず休養しましょう。

「疲れたなぁ……温泉にでも行きたいなぁ」と感じたら、忙しくても時間をつくり、温泉にほっこり浸かって疲れた心身を癒しましょう。

それは自分を甘やかすことではなく、自分の心身を正常な状態にリセットすることなのです。


ちなみに、体力はあるけどちょっと怠けたいだけのときと、本当に元気がなく、体が「つらい！」と訴えているときは違います。

体が元気に動けるときは、動く。

体が元気に動けないときは、体を休める。

迷ったときは、これを基準に行動しましょう。

体は生命維持に必要なものが足りないとき、それを自然と欲しがります。

たとえば水分不足のときは、喉が渇いて水を飲みたくなりますし、ビタミン不足のときは野菜や果実が本能的に欲しくなります。

ただし、「もっとお酒が飲みたい」「もっと煙草が吸いたい」「もっと甘いものが食べたい」「もっとスナック菓子が食べたい」……といった欲望は、体の声ではなく、アルコールやニコチン、砂糖、添加物などの中毒です。それを体の声と勘違いして、中毒性のあるものを過剰に摂り続ければ、健康を害してしまいます。

健康を害するということは、体が「悲鳴」をあげている状態です。

たとえば、添加物が満載のインスタント食品を「おいしい」と思ったとしても、胸やけや胃もたれがするなら、体にとっては「おいしくない」ということです。

体の声を訊くポイントは、頭が欲する声でなく、体が感じる「変だな」という違和感や不快感をやり過ごさず、きちんと受けとめることです。

自分の体の声を訊く習慣が身につけば、体が悲鳴をあげるようなものを過剰に欲したりはしなくなり、自然と体が喜ぶものを求めるようになります。

| chapter2 | みるみる変わる　Change yourself!

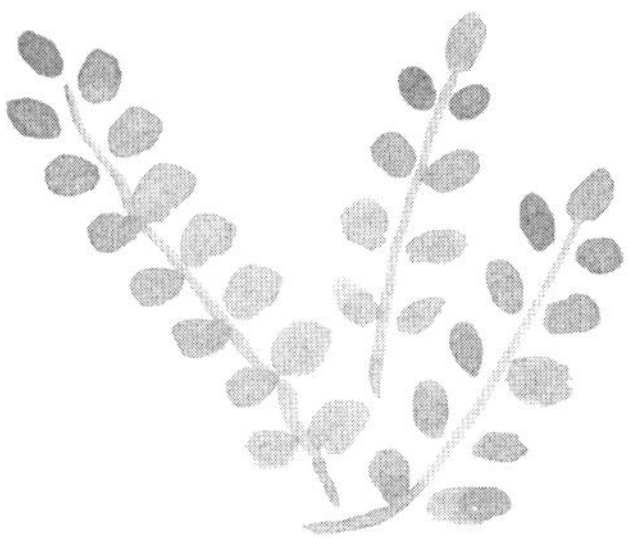

Method 13
子どもの自分とお話

「どっちの道に行けばいいの？」

「八方塞がりでどこにも進めない……」


真っ暗な地下迷宮をさまよっているような、あるいは閉ざされた牢獄に閉じ込められてしまったような気持ちになったことはありませんか？

そんなとき、暗い迷路や牢獄を脱出する、とっておきの方法があります。

それは、子どもの自分と話をするのです。


まず、リラックスできる椅子に座り、姿勢をしゅっと正して深呼吸をします。

次に、マトリョーシカみたいに、自分の中に小さな子どもの自分がいる様子を想像しましょう。

マトリョーショカは、人の姿をした木製の入れ物をパカッと開けると、その中にさらに小さなかわいらしい人形が入っているロシアの代表的な民芸品です。
自分の中にいる小さな子どもは、『イソップ物語』の『はだかの王さま』に出てくる子どものように、利害や保身にがんじがらめになったおとなのウソを吹き飛ばすほどあっけらかんと無邪気です。
あなたの中にいる子どもの自分も同じように無邪気です
ウソのない子どもの自分に優しく問いかけましょう。

「ねえ、どうして苦しいの？」

その問いに対して、苦しい理由を思いつくまま素直に語ります。
そうすると、「なぜ苦しいのか」という理由が少しずつ見えてきます。
なぜなら、苦しみの原因は、必ず自分の中に潜んでいるからです。
一呼吸を置いて、さらに子どもの自分にこう問いかけます。

「本当は、どうしたいの？」

通常、おとなは自分にいっぱいウソをついています。

「かっこ悪いから」

「いい人と思われたいから」

「相手に迷惑をかけたくないから」

などと理由をつけて、「本当はこうしたい！」という自分の本当の気持ちを無意識に押し殺してしまっています。

でも、子どもは違います。

子どもはおとなの事情などおかまいなしに、わがままです。

だから、子どものあなたも、気持ちを押し殺さず、自分がしたいことだけを正直に、できれば声に出していいましょう。もし、外にいて声を出しにくい状況なら、紙やタブレットに書いてもかまいません。

子どものあなたがつぶやく「本当はこうしたい！」という答えに、閉ざされた迷宮や牢獄から脱出する鍵があります。

「本当は、こうしたい」という心からの願いは、自分にとって最も優先順位の高いことです。

それを明確に自覚できれば、すべてがストンと腑に落ちます。

本当にしたいことをまっとうするためには、それを妨げるしがらみを手放す必要があります。

何を守り、何も手放すべきなのか――それに気づくと、「いじいじめそめそしていても仕方がない！」とそれまで執着していたことを手放す覚悟ができます。

自分を妨げ、がんじがらめにしていたものを手放すと、八方塞がりに見えた迷宮や牢獄に、出口に通じる明るい光が差し込み、前に進む勇気が湧いてきます。

日ごろから、自分の中の子どもと対話する習慣をつけていると、八方塞がりの状況に陥ることがなくなります。

Method 14

きらきらウルルン目力アップ

少女漫画に出てくるヒロインの瞳には、お星さまがたくさんあって、とてもきらきらウルウルしています。

お人形の「リカちゃん」も、初代のリカちゃん人形と、二代目、三代目と進化しているリカちゃん人形を見比べてみると、新しくなるごとに瞳の中のきらきらの数がだんだん増して、目力がアップしています。

「目は口ほどにものをいう」といいますが、瞳の輝きは、その人の魅力をアップさせます。

瞳がどんより曇っていると、魅力も半減してしまいますが、瞳がしっとり輝いている人は、老若男女問わずとても魅力的に見えます。

けれど、目はエネルギーをアウトプットするところなので疲れが出やすいうえ、最近はドライアイの人が増え、瞳の輝きに必須の潤いが不足しがちです。

そんな瞳を即効できらきらのウルルン瞳にするワークを実践しましょう。

《瞳きらきらウルウルワーク》

1 肩の力を抜き、まぶたを閉じ、両手の親指の第1関節を目頭の周辺にある晴明というツボ（軽く押して気持ちのいい場所です）に当てて頭の重みをかけ、10秒間じんわりしてくるのを感じます。

2 左右の手のひらをこすり合わせてあっためます。

3 閉じたまぶたに手のひらをそっと乗せ、目の周りがじわ～っとあたたかくなる感覚を味わいます。

4 1～2分経ったら、ゆっくり手を下ろし、まぶたを開けます。

このワークをすると、目の周りの血行がよくなって、目の疲れがとれ、瞳のきらきら度やウルウル度が即効でアップします。デートのときや、面接、プレゼン、発表会など、自分をアピールしたいときに、ぜひお試しください。

Method 15

耳ツンツンもふもふ

自分の耳を触って、軽くもんでみてください。

耳の軟骨は柔軟ですか？

それとも、がちがちにかたくなっていませんか？

普段、意識して耳を触ることがあまりないかもしれませんが、耳の裏側にはリンパのツボがたくさんあります。

耳を心地よく刺激することで、疲れ目や肩こりを軽減することができます。

疲れ目を改善

まず目を閉じて、人差し指で両耳の穴の入口周辺を、ツンツンと軽くつつきます。

力を入れすぎず、耳穴の奥まで指を突っ込まないように注意しましょう。

耳穴をツンツンすることで、目の周りの血行がよくなり、目を開けると視界がぱっと明るくなって、瞳も美しく輝きます。

肩こりを改善

ピアスやイヤリングを着けている場合は、まずそれを外してから、耳たぶを軽くもんだり、そっとゆさぶったりしましょう。

あくまでも気持ちいいと感じられる程度の力で行うのがポイントです。

耳をもふもふマッサージすると、血行やリンパの巡りがよくなり、耳がふわ～っとあったかく感じられ、顔色がよくなって、肩こりが緩和します。

最近は、スマホで電話する人が多いので、電磁波にさらされて、耳がかたくなったり、血行が悪くなっています。

電話をした後や、仕事の合間などに、耳をツンツンもふもふする習慣をつけておくと、耳から体の不調を緩和できます。

Method 16
髪ツンツンくるり

「アフター5はデートだから、顔をスッキリさせたい」

「外出前に鏡を見たら、ひどいむくみ顔……」


そんなとき、即効で疲れ顔やむくみ顔を改善することができる早ワザがあります。

それは、顔の皮膚につながっている頭皮を刺激するマッサージです。

といっても、エステでヘッドスパやヘッドマッサージを悠長に受けているヒマなどないときに、移動中や会話中でも誰にも変に思われずに頭皮マッサージをする方法があります。


やり方はとても簡単です。指先で生えぎわから髪をかきあげる仕草をして、頭のてっぺんからくるりと首の付け根までリンパを流すのです。

また、髪をツンツンと軽く引っ張ると、凝っている頭皮を快く刺激するマッサージになるので、とても心地よく感じます。

もうひとつ、髪を耳にかける仕草もおすすめです。

こめかみから耳の裏側を3回くるりと指先でなぞり、首の付け根までリンパを流すと、頭がスッキリ軽くなります。

リンパを流すことで、たまった老廃物、余分な水分の排出を促すので、血行もよくなり、頭痛の軽減にも役立ちます。

頭皮が刺激されることで、じわ〜っとあったかくなって、顔色や肌ツヤがよくなり、疲れ顔が改善されます。

また、リンパの代謝がよくなるので、むくみが改善してフェイスラインもきゅっと引き締まります。

Method 17

猫になる

猫がお尻を突き出し、前足をぐーんと伸ばして気持ちよさそうに伸びをするのを見たことがありますよね？

うちにも猫がいますが、猫は自分の全身をなめることができるほど体が柔軟です。特に朝目覚めたときに、ぐーんと気持ちよさそうにストレッチをしています。

ヨガではこのポーズを「猫のポーズ」といいます。

猫好きの人は、猫になりきってやってみてください！

《 猫のポーズ 》

1 手のひらをパーの形にして、膝を肩幅くらいに開き、四つん這いになります。

2 息を吸いながら、顔を上げて、首から背中を大きくそらします。

3 息を吐きながら、手で地面を押すようにして、アゴを引き、目線はおへそに合わせ、

4 背中を大きく丸めながらお腹を凹ませます。
2〜3を5回程繰り返します。

5 四つん這いの手はそのままで、お尻をかかとに下ろし、正座の状態で息を吐きます。

6 息を吸いながらお尻をプリッと上げ、吐いて脱力し、腕、脇、お腹が気持ちよく伸びているのを感じながら自然な呼吸をします。

猫のポーズをすると、デスクワークなどでかたくなりがちな腰や背中、腕のストレッチになり、血行が良くなります。新陳代謝も促進するので、腹部、背中の引き締め効果もあります。脇も伸ばすので、脇のリンパのめぐりもよくなります。また、頭が下に下がるので、脳への血流もよくなって頭がスッキリします。

このポーズは、朝目覚めたときに代謝を促して体の動きや頭の回転をよくしたいときや、長時間の作業後に背中や腰の筋肉を伸ばして気分転換したいとき、夜寝る前にリラックスしたいと

きなどにおすすめです。

猫と暮らしている人の中には、「猫のポーズをすると、うちの猫がお腹の下を通ったり、スリスリしたりして近寄ってくるんです」という人もいます。

猫がいる人は、ぜひ試してみてくださいね！


猫といえば、ライオンも猫の仲間です。

ライオンが「ガオーッ！」と大きな口を開け、鋭い牙と真っ赤な舌を見せて吠えるときの顔は、とても迫力があります。

ライオンが吠える迫力顔を真似た顔ストレッチをご紹介します。

《ライオンの顔ストレッチ》

鏡の前で、目玉とカッと最大限に見開き、大きな口を開けて息を吸います。

舌をベローンとできるだけ外に押し出して、息をハーッと全部吐き出します。

目や口をマックスに見開くことで、目や口の周りの筋トレになってたるみ防止になるほか、舌を出すことであごのラインが引き締まり、二重あごにも効きます。

鼻呼吸は副交感神経を優位にしますが、口呼吸は交感神経を優位にするので、朝出かける前や、ここ一番のプレゼンの前など、「さあ、やるぞ！」という闘志に火を点け、やる気スイッチを引き出したいときにおすすめです。

鏡に映った形相はなかなかすごいものになっているかもしれませんが、口角が自然に上がるので、脳がポジティブになります。口角を上げる効力についてはMethod 23「大爆笑ヨガ」をご覧ください。

顔の筋肉を使うので、目や口の周りの筋トレになって目尻のしわやほうれい線、たるみ、目の疲れ防止になるほか、舌を出すことであごのラインが引き締まり、二重あごにも効きます。

鼻呼吸は副交感神経を優位にしますが、口呼吸は交感神経を優位にするので、朝出かける前や、ここ一番のプレゼンの前など、「さあ、やるぞ！」という闘志に火を点け、やる気スイッチを引き出したいときにおすすめです。

Method 18

「んー」の響きで頭をリセット

「あれこれ面倒なことが多すぎて、整理できない……」

「もういっぱいいっぱいで、頭がパンクしそう……」


忙しい毎日を送っていると、そんな気分になることがありますよね。

頭の引き出しがごちゃごちゃになっていると、必用な情報が引き出せず、思考が煮詰まってフリーズしてしまいます。

そんな状況を脱出して、ごちゃごちゃした頭をリセットしたいときは、「ブラーマリー」の呼吸法で頭を空っぽにしましょう。

《ブラーマリーの呼吸》

1 姿勢を正して座り、目を閉じ、口を軽く閉じます。

2 鼻からたっぷり息を吸い、「んー」といいながら息を吐き、「んー」の音を全身に響かせましょう。

3 「んー」の音が全身に共鳴し、ビブラートされている感覚に集中できるまで繰り返します。

「んー」を体全体に響かせることによって、毛細血管がビブラートして血行がよくなり、全身があたたかくなります。息を吐ききって肺を空っぽにすることで、頭も空っぽになります。ブラーマリーの呼吸をゆったり繰り返すことで、脳からアルファー波が出て集中力がアップし、冷静な判断が下せるようになります。

また、息を全部吐ききることで、自然と腹式呼吸ができるので、体幹が強化されてウエストも引き締まります。

周りに人がいて声を出せないときは、無声で「んー」の音を全身に響かせるイメージを思い描きましょう。

ブラーマリーの呼吸法は、次の Method 19「自分のオーラのつくり方」のベースにもなります。

Method 19

自分のオーラのつくり方

「あのアーティストはオーラがすごい！」
「今日のAさんは、なんだかオーラがあるね」

オーラがはっきり見える人は少ないと思いますが、強いオーラを発している人は、とても魅力的に見えるので、遠くにいても不思議と目立ちます。

オーラの大きな人は、多くの人の目を引き、人々を自然に引き寄せます。

テレビでアーティストのコンサートや、アスリートの真剣勝負を見ていても、何か特別なオーラを感じたりしますよね？

出演前のアーティストや、試合前のアスリートは、極限まで集中力を高め、ものすごい気迫を持って本番に臨むので、舞台に登場したときや、ここ一番のパフォーマンスを見せているとき、オーラがとても強く大きく見えるのです。

オーラそのものが視覚的に見えなくても、その強さや大きさは、周囲に確実に伝わります。

「自分にはとてもあんなオーラなんて出せない」

と思っていませんか?

じつは、雑念を排して集中すれば、人気アーティストやトップアスリートのようなオーラをあなたもつくることができます。自分に自信を持ち、姿勢を正すだけでもオーラをつくれます。

ただし、頭の中がごちゃごちゃしていると、オーラがつくりにくいので、Method 18で紹介した「ブラーマリーの呼吸法」によって、まず頭の中を空っぽにしてリセットしましょう。

私はいつもきらめきヨガの教室の最後に、オーラのつくり方を教えています。いろいろなヨガをした後のほうが集中できるからです。

「人のオーラは感じても、自分のオーラをつくるって、よくわからない」

と思われるかもしれませんが、頭で難しく考える必要はありません。

オーラとは、その人を輝かせ、その人を守ってくれるものです。

自分のオーラをつくるというのは、自分が〝金色の卵〟に包まれるようなイメージです。まずはオーラをつくってみましょう。

オーラは「月と太陽のポーズ」でつくることができます。

《月と太陽のポーズ》

1 目を閉じ、気をつけのポーズをして、口角を上げ、息をゆっくり吐き出します。これが月のポーズです。

2 静かに息を吸い、手先から美しい光が出ているイメージを思い描いて両手を最大限に伸ばし、自分の手先から出ているオーラの長さを想像しながら下から上へと弧を描くようにゆっくりと上げていきます。

3 オーラが金色の卵をとなって自分をポワンと包んでくれるようなイメージを思い描けるまで、何度も繰り返します。

4 両手を伸ばしたまま、頭上で合掌します。これを太陽のポーズといいます。合掌しながら、宇宙のエネルギーをお腹に入れるイメージを思い描きます。

慣れてくると、だんだん自分のオーラの感覚がつかめてきます。

日頃から練習しておいて、「ここ一番！」というときに、ぜひ自分のオーラをマックスに出して、チャンスを自分のもとにぐいっと引き寄せましょう。

このポーズをすると、全身が伸びるので、体幹を鍛えることにもなり、ダイエット効果もあります。

疲れているときは、あぐらをかいて行ってもかまいません。

夜寝る前にこのポーズをして、口角をあげながら「なりたい自分」「うまく成功している自分」「楽しく感じている自分」をイメージして眠ると、ポジティブなオーラに包まれてリラックスできます。

Method 20

海と森、どちらに行きたい？

海と森。たった今、あなたはどちらに行きたいですか？

その答えによって、あなたの今の心身の求めている方向性がわかります。


「海に行きたい」

そう答えた人は、今、とてもエネルギッシュにあれこれとためこんでいます。

仕事、知識、情報、物品、人間関係、責任、思い……さまざまなことがあなたの中にあふれんばかりに詰まっている状態です。

そのため、ため込みすぎたものをデトックスして、心身を浄化したいと無意識に感じているのです。なぜなら、海＝塩なので、海は浄化をする場所だからです。


「森に行きたい」

そう答えた人は、いろいろなことやものを整理して片づけたり、断捨離したりして、スッキリとミニマムな状態です。

そのため、さまざまなエネルギーやパワーを自分の中にチャージしたいと無意識に感じているのです。

木々がすくすくと成長し、生い茂る森は、プラスのエネルギーを象徴しているからです。


「海に行きたいということは、今、仕事で毎日充実しているけど、ちょっとオーバーワークだから、本当は仕事を減らしたいんだな」

「森に行きたいということは、がんばってダイエットしてやせたけど、ちょっとエネルギー不足だから、もっと体力をつけなくちゃいけないんだな」

海と森は、そんな風に、自分の心身の声を聴くバロメーターになります。

時期によって、答えは変わるので、折にふれ、「今、海と森のどっちに行きたい？」と自問自答したり、周囲の人にも質問してみてください。

Method 21

香りでスイッチ

気持ちがスッとリラックスする香り。
気分がぱっとリフレッシュする香り。
頭がシャキッと冴えて元気になる香り。
うっとりロマンティックな気分になる香り。
——あなたはどんな香りが好きですか?

季節や体調によって、好きな香りも変化するものですが、自分が心地よいと感じる香りをかぐときは、本能的に鼻からめいっぱい息を吸おうとするので、自然に深呼吸をすることにもなります。自分の好きな香りを上手に使えば、ネガティブな気持ちを幸せな気持ちに一瞬で切り替えるスイッチになります。

好きなアロマオイルや香水の香りをハンカチやマスクに染み込ませて外出すると、気分を落ち着かせたいときや、集中したいときにハンカチの香りをかいで深呼吸することで、さりげなく気分をスイッチできます。

自分の部屋に好きな香りのお花を飾ったり、アロマキャンドルを灯すのも、鼻呼吸や深呼吸を促すのでおすすめです。

ストレスを感じるときは、コーヒーやハーブティーなど、自分の好きな飲みものの香りを鼻から深く吸い込みましょう。飲んでいるときは息が自然と止まるので、飲み終わったら「ふあ〜〜っ」と大きく息を吐ききることで、リラックススイッチがオンになり、沈んだ気分を発散できます。ビールを飲んだ後、「プハーッ」とするのもこれに似ています。

お風呂に好きな香りの入浴剤を入れるのもおすすめです。香りを胸いっぱいに吸い込んだ後、湯船につかるときに「は〜〜っ」と息を吐くと、心身がリラックスします。

自分の好きな香りを日ごろからよくかいでいると、たとえ不快な臭いのする場所にいても、好きな香りを頭の中でイメージすることで、不快感を緩和できます。

Method 22

好き嫌いノート

「マリッジブルーになっちゃった。本当にこの人と結婚していいのかな?」

「好きで選んだ仕事なのに、なんでこんなにつらいのかな?」

こんな風に自分の気持ちが自分でもわからなくなってしまった経験はありませんか?

自分の気持ちを整理したいときは、悩んでいることについて、ノートに「好きな点」「嫌いな点」を思いつくままに書き出してみましょう。

好き・嫌いを書き終わった時点で、ノートをいったん閉じます。

そして、Method 18で紹介した「ブラーマリーの呼吸」を3分間行って自分をリセットしてから、再びノートを開いて書いてある内容を見直します。

好きな点・嫌いな点の数の比較で、自分の心の中を客観的に俯瞰できます。書き出した中で、最も大切なことを選ぶと、どうすべきかが明確になります。

たとえば、結婚することを迷っているなら、相手の好きな点・嫌いな点を見直してみて、好きな点のほうが断然多ければ、「私はやっぱり彼のことがこんなに好きなんだ!」と再認識できます。さらに、「彼が目の前からいなくなったらどうする?」と自分に質問すると、自分の本当の気持ちがわかります。

もしどうしても譲れない点があるなら、なぜそんなにこだわるのかという理由も書き出してみて、それを改善する方法はないか考えてみましょう。

あるいは、仕事を辞めるかどうか迷っているとき、嫌いな点のほうが多ければ、辞める選択をすべきかもしれません。

仕事が好きな理由・嫌いな理由を書き出す中で、じつは仕事そのものが問題なのではなく、自分にとって上司の存在が何よりもプレッシャーなのだということに気づくかもしれません。

好き嫌いノートを書く習慣をつけると、気づきが多くなり、人生の岐路で迷ったときに、自分で納得できる判断をくだせるようになります。

Just enjoy!

わくわく たのしむ

Chapter 3

Method 23

大爆笑ヨガ

「思いっきり大爆笑したいなあ！」
「最近、大声で笑っていないなぁ……」
という人は、人との会話でもテレビでも漫画を読んでいるときでも、何かおもしろいことがあったとき、できるだけ声を上げてオーバーアクションで声を出して笑うようにしてみてください。

大きな声を上げて笑うときはお腹から息を吸って吐くので、自然と有酸素運動になり、ダイエットになります。腹筋や横隔膜を激しく上下させることになってカロリー消費量も増えますし、呼吸が活発になって酸素消費量や血流も増えるので、中性脂肪も燃焼しやすくなるのです。

爆笑するときに、手をパンパン叩いたり、足を踏み鳴らしたりしてオーバーアクションをとると、血行が促進されて体温が上がり、冷え症の改善にもなります。

ストレスがあると、交感神経が緊張して肩こりの原因になりますが、笑うと副交感神経が優位になるので、かたまった筋肉の緊張もゆるんでリラックスし、肩こりの改善にもなります。

笑うことによって、ウィルスをやっつけるナチュラルキラー細胞も活性化するので、免疫力がアップして、病気にもかかりにくくなります。

落語を聞いて笑った後は、観客のストレスホルモン（コルチゾール）の分泌量が減ったという医学実験データもあるようです。

笑いは痛みを軽減させる効果もあるようで、リウマチ治療の実験によると、複数のリウマチ患者に落語を聞かせた後は、全員「痛みが楽になった」と答え、その効果が３週間持続した人もいたそうです。

精神面でも、大爆笑するとスカッとしてストレス発散になるのはもちろん、副交感神経が優位になるのでリラックスモードになれます。

また、大きな声を出して笑うことは大きな自信にもつながります。

なぜなら、大爆笑して大きな声を上げるときというのは、心底リラックスして楽しいときなので、悠々と胸を張り、大きな口を開けて、お腹の底から呼吸して笑っています。するると、脳の扁桃核が「すごく楽しい！」と反応して、さまざまなハッピーホルモンを分泌するのです。

〝癒しホルモン〟と呼ばれるセロトニンの不足は、うつなどの原因になりますが、笑うことで脳からセロトニンが放出されて、気分が落ち込んでいるときも精神のバランスが整います。また、〝幸せホルモン〟と呼ばれるベータエンドルフィンも分泌されるので、幸せな気分になれます。

「幸福だから笑うのではない。笑うから幸福なのだ」

これは、『幸福論』で知られるフランスの哲学者アランの名言です。

実際、それほどおかしくないときでも、満面の笑顔になって、手を叩いたりしながら、大きな声を出して「あはははは！」と笑うことで、脳が「楽しい！」「うれしい！」と反応して、幸せな気分に包まれます。

作り笑いで口角を上げるだけでも、脳が「楽しい！」と反応します。

試しに鏡の前で口角を上げてみてください。

頬の大頬骨筋や頬骨、目の周りの眼輪筋が動き、目尻が下がっていますよね？

表情筋の動きが脳にフィードバックされ、なんとなくわくわくするような楽しい気分になってきませんか？

口角を上げて笑顔でいると、相手と同じように反応する神経細胞ミラーニューロンの作用で、周囲の人にもそれが伝わり、自分を取り巻く環境も自然と笑顔が多くなります。

夫婦は顔が似てくるといいますが、これもミラーニューロンの作用です。

もし「この人は表情が冷たいなあ」と感じるとしたら、相手も同じように感じています。自分が笑顔になることで、相手も笑顔に変えることができます。

しかも、笑顔になると、目の周りや頬、口角など顔の表情筋が動くので、顔の血行がよくなってお肌の新陳代謝もスムーズになります。そのため、肌ツヤがよくなり、大人ニキビやシミの改善にもつながります。

疲れていたり、退屈なときでも、意識して口角を上げるようにしましょう。

Method 24
いたずらっ子ごっこ

突然、人におぶさったり、いきなり人にだら〜んとゆりかかってみたり……。

「え？　どうしたのよ、子どもみたいなことして！」

そんな風に驚かれるような子どもっぽいアクションを、心許せる家族や友人にあえてしてみましょう。

通常、おとなは自分の重さを知っているので、よほどのことがない限り、人に身を預けるようなアクションはしません。

でも、そうした子どもっぽいいたずらなアクションをすることで、子どものころのわくわくするような感覚がよみがえり、脳が一瞬で若返ります。

よく「童心に返る」といいますが、子ども時代のことを頭で思い出すだけでなく、身体を使うことで、リアルに童心に返ることができます。

ときどき夫婦で背中を合わせて腕を引っ張り合うストレッチをしてみるだけでも、楽しい気分を共有できます。

子どもと張り合ってサッカーに興じたり、相撲をとってみたり、かけっこしたり、キャッチボールをしたり、遊園地で絶叫マシンに乗ったり、自分がおとなであることを忘れて楽しんでみましょう。

かかしのように両手を広げ、片足だけひざを曲げて立ち、誰が最初にバランスを崩して足を落としてしまうかという遊びを競い合ってみてもいいでしょう。

このかかしのポーズは、体幹や下半身を鍛える運動になるほか、自分の中心軸を地軸に合わせる集中力とバランス感覚を養うことにもなるので、遊びながらヨガのトレーニングもできて一石二鳥です。

Method 17で紹介した「ライオンの顔ストレッチ」は、目をむき、舌をベローンと出す〝変顔〟になるので、ひとりでやる人が多いと思いますが、子どもがふざけて変顔をし合うように、家族や友人同士で互いの「ライオン顔」を見せ合って大爆笑するだけでもスカッと楽しい気分になれます。

Method 25

ハミングで好感度アップ

「ドレミファソラ～♪」

とハミングしてみてください。

「ラ」の音を発しているときは、口角が自然に上がって笑顔になるので、脳がわくわくポジティブモードになります。

元気がないときや、人に謝っているときなど、ネガティブな気分のときは、声のトーンも自然に低くなりますが、楽しい気分で談笑しているときなどは、声のトーンも自然と高めになりますよね？

「ラ」の音は、一説では人間が一番心地よいと感じる音階といわれており、ラ音で話すように心がけると、好感度が上がります。

接客やミーティングでも、「おはようございます」「いらっしゃいませ」という第一声をラ音であいさつをすると、明るく聴こえ、自然に笑顔になれるので、提案や意見が通りやすくなります。

恋人と話すときも、ラ音にすると、「声のトーンも笑顔も素敵な人」「また会いたい♡」と思われるので、ぜひ試してみてください。

普段の声をラ音にチューニングするのは、最初は慣れないかもしれませんが、朝起きたときや、家を出るとき、車を運転しているときなどに、ラ音を意識しながらハミングしていると、ラ音が自然に身についてきます。

ラ音で話すときは、言葉もプラスのイメージの言葉を使いましょう。

「ありがとう」

「大好き」

「素敵！」

「素晴らしい！」

ラ音でプラスイメージの言葉を発すると、相手がリラックスして楽しくなるのはもちろん、自分の発した言葉は自分に返ってくるので、自分も幸せな気分になれます。

Method 26

空を泳ぐ魚

朝起きたとき、ぐーんと両手両足を思いっきり伸ばし、全身で大きな伸びをすると、とても気持ちがいいですよね。

「さあ、これから出かけよう！」というときや、「ランチを食べたら、ちょっとまったりしちゃったなぁ」といったとき、両手両足を思いっきり空に向かってぐーんと伸ばすと、心身をリセットしてやる気がわいてきます。

そのとき、ぜひこんなイメージを思い浮かべながら体を動かしてください。

――どこまでも青く澄み切った大空。胸いっぱいに吸い込む爽やかな空気。

あなたはその空を自由自在にスイスイ泳ぎ回れるしなやかな魚です。

イメージができたら、体の幅と同じくらいだけ足を開き、爪先立ちになって、足腰をぐーんと思いっきり伸ばしましょう。

まず胸の前で合掌し、息を吐ききったら、吸う息で合わせている手をゆっくりと頭上に突き上げながら、かかとを上げ、そのまま魚が大空をどこまでもぐんぐんぐんぐん泳いで上昇していくようなイメージを想像しながら、全身を上に伸ばして深呼吸をします。

大空を突き抜け、宇宙の果てまでいくような自分を思い描きながら、全身をめいいっぱい伸ばしたら、吐く息で両手のひらを外側にくるっと向け、体の一番遠くに伸ばすような感覚で両腕をゆっくりと下におろし、手足の力をスッとゆるめて脱力します。


これを1セットとして、1回に3セットを目安にストレッチしましょう。

身体のどこかが痛いときはムリに伸ばす必要はありませんが、心地よいと感じるなら、何度行ってもOKです。

お天気のよい日に、見晴らしのよい公園やビルの屋上、海辺などでこのストレッチを行うと、とても爽快な気分になれます。

屋内で行うときは、瞳を閉じて、頭の中を清々しい青空で満たしましょう。

重いプレッシャーやたくさんのノルマを忘れ、何にも縛られていない自由な魚になりきって、イメージの大空をどこまでも伸びやかに泳ぎましょう。

このストレッチをすると、緊張やストレスでこりかたまっていた心と体が解放されて、気持ちが前向きになり、やる気がわいてきます。

爪先立って伸びをすると、第二の心臓といわれるふくらはぎのストレッチにもなるので、日頃あまり歩かず運動不足の人も血行や代謝がアップして、むくみや冷えが改善します。

腰をぐーんと思いきり伸ばすことで、〝自然のガードル〟と呼ばれる体幹ができ、姿勢がよくなってウエストラインもきゅっと引き締まります。

私の知人のメタボ体型だった男性は、このストレッチを毎日行った結果、ポッチャリお腹が10センチもサイズダウンしたそうです。

両腕を下から上に大きく広げて伸ばすだけで、肩甲骨が大きく動き、全身の筋肉につ

ながっている僧帽筋のストレッチにもなるので、代謝や血行がよくなり、肩や背中のコリもほぐれます。

パソコン作業などデスクワークが多い人は、猫背になったり、肩に力が入り過ぎたりして姿勢が悪くなりやすく、それが慢性的な肩こりや腰痛を招き、全身の不調の原因になっていることが多々あります。

ときどき、「空を泳ぐしなやかな魚」になって、全身をぐーんと伸ばし、こりかたまった心身を解放してあげましょう。あちこちがこっている人ほど、心地よさを実感でき、気分もスカッとリフレッシュできます。

Method
27

きらきらの魔法

つややかな新緑のきらめき。

山の頂きに煌々と輝く日の出。

湖面にきらきら反射する陽光。

夜空に光る満点の星。


きらきらした輝きは、心理的に多幸感をもたらします。

きらきらしたものを身につけることで、自然と気持ちが上がります。

高価なジュエリーでなく、銀細工やガラス玉でもかまいません。

きらきらしたものに、たとえば「輝くような自分の未来」「愛する子どものきらきらしたつぶらな瞳」「ふるさとの美しい海景色」など、自分の気持ちが高揚する存在を重ね合わせることで、脳にアンカリングするのです。

アンカリングとは、視覚や触覚など五感からの情報をきっかけに、特定の感情や反応が引き出されるプロセスをつくり出すことです。

たとえば、スワロフスキーのきらきらしたアクセサリーに「輝くような自分の未来」をアンカリングしたとします。

すると、そのアクセサリーをじっと見つめているわけでなくても、視界にそのきらきらが入ることで、無意識に、きらきら輝いている未来の自分のイメージに対する高揚感が引き出されて、自然とわくわくしてきます。

ぜひ、きらきらしたものを身につけて、わくわく感をもたらすアンカリングに活用しましょう。

Method 28

カラーのチカラ

今日は何色を身につけたい気分ですか?

視覚から入ってくる色は、脳から分泌されるホルモンに作用するので、心身にさまざまな影響を及ぼします。

好む色は心身の状態によって変わるので、もし色の好みが変わったら、自分の体調や気持ちの変化の表れといえます。

色彩をうまく活用すると、リラックスしたり、やる気モードになったり、心身の状態をコントロールできます。

赤=パワーアップ

テンションを上げる色なので、勝負のときに使うと、情熱や闘志が引き出されています。身につけると血行がよくなります。

青＝クールダウン

頭がすっきり冴えて冷静になり、精神の落ち着きをもたらす色です。体感温度を下げるので、夏のクールダウンにおすすめです。

緑＝リラックス

自然と人間の調和を示す色。身につけると心身が癒されてリラックスします。

紫＝ヒーリング

深い癒しをもたらす色。感性を豊かにし、インスピレーションを高めてくれます。

ピンク＝ラブ

愛情深さを示す色。身につけると女性ホルモンが活性化します。

色もMethod 27でお話しした「きらきらの魔法」のようなアンカリングに役立つので、ぜひ、ファッションやインテリアに上手に活用しましょう。

Method 29

夢のマグマをチャージ

大あくびをしたり、深いため息をついたり……。

一見、やる気のない動作のようですが、じつは大あくびもため息も、本能的に酸素不足を解消したり、緊張を緩和しようと深呼吸をしていることになります。

あくびやため息が出ると、副交感神経が優位になりリラックスできます。

もし、あくびやため息が思わず出たら、ストレスで息が浅くなって酸素不足に陥っていたり、緊張しているサインといえます。

そんなときは、胸だけでなく、お腹を使って深呼吸をしましょう。

まず、おへその下（丹田）に手を置いて、古い空気を全部吐ききってから、吸う息で新鮮な空気がたっぷりとおなかに入っていくのを感じましょう。すると、横隔膜が下がってお腹が大きく膨らみます。

次に、ゆっくりと鼻から息を吐いていくと、横隔膜が上がってお腹が引っ込んでいきます。このときに最も重要なのは、丹田に意識を向け、息を100%吐ききることです。息を完全に吐ききることができれば、自然に胸もお腹も拡張しやすくなり、吸う息の量も増えます。

深呼吸によって、こんな健康&美容効果が得られます。
＊血行がよくなって体が心地よくあたたまり、血圧が正常になります。
＊副交感神経が優位になって、リラックスします。
＊内臓の働きがよくなって、便秘が改善します。
＊代謝が上がり、エネルギーが高まるので、ダイエット効果も期待できます。
＊体幹が鍛えられて筋肉のガードルができ、お腹やウエストがスッキリします。

深呼吸がうまくできるようになると、目標達成のスピードが加速し、夢も叶いやすくなります。

その秘密は、私たちの脳の仕組みにあります。

深呼吸をすることによってリラックスすると、脳からアルファー波が出て、潜在意識の扉が開き、集中力や直感力が冴えてひらめきやすくなります。

芸術家が傑作を創りあげたり、科学者が世紀の大発見をしたり、アスリートが神がかり的なスーパープレイを発揮したりするのも、こうした瞬間です。

そのような状態のとき、あなたの夢が見事に実現したイメージを具体的に想像し、そのイメージを脳にインプットすることが大切です。


普段、私たちの脳は3％の顕在意識しか使われておらず、残りの97％の潜在意識が眠っています。潜在意識の使い方がわからないまま一生を終える人もいます。

「氷山の一角」という言葉がありますが、海上に氷山が見えたら、それは全体のわずか数％に過ぎず、海中にはその何十倍もの巨大な氷塊が潜んでいるといいます。潜在意識もそれに似ています。自分が意識できることは氷山の一角に過ぎず、その何十倍もの潜在意識が自分の脳の中で眠っているのです。

普段は眠っている潜在意識の扉を開き、「夢が叶った」という達成イメージをインプットすることで、脳の中にプラスのイメージがどんどんたまっていきます。

潜在意識にプラスイメージがチャージされていくと、人生の勝負ポイントで、たまりにたまったプラスイメージのマグマが、火山が「ドーン」と噴火するようにあふれ出し、それまで不可能だったことが可能になります。

ここ一番のとき、息とともにマグマを丹田にグーッと押し込んでいくと、集中力が増して、やる気と自信がわいてきます。いざというとき、ありえないようなパワーを発揮する「火事場の馬鹿力」とは、まさにそんなプラスのマグマのなせる業です。

逆に、普段から「失敗するかも……」「どうせうまくいかない」などとマイナスのことばかり考えていると、潜在意識の中にマイナスのイメージがどんどんたまり、いざというときに「ダメ、できない」と、自ら夢をつぶしてしまいます。

夢を実現するためには、普段からプラスのイメージに結びつく言葉や姿勢、表情をして、自分の潜在意識にプラスをどんどんストックしておく必要があります。

「ダメ」「できない」「ムリ」「不可能」「失敗」といったネガティブな言葉は、自分の夢も他人の夢も壊してしまう「ドリームキラー」になるので、声に出すのも、心に思い浮かべるのもNGです。あなたの頭の辞書から消しましょう。

「OK」「できる」「大丈夫」「可能」「成功！」といったポジティブな言葉を意識的に使うようにすることで、夢を実現するパワーが「ドーン」と開花します。

Method 30

ギフトをめぐる感謝の連鎖

思わぬラッキーが舞い込むことを、「棚からぼたもち」といいますが、それは単なる偶然ではありません。

ぼたもちが自分にもたらされる前に、ぼたもちを先に人にあげているのです。

ぼたもちを人にあげるとは、その人をあたたかくほめて、感謝や元気のギフトを贈るということです。贈るのは、どんなに小さなギフトでもかまいません。Method 9の「0・2秒のプラス思考」でもお話ししましたが、0・2秒以内に相手をほめると、感情をつかさどる脳の扁桃核が「うれしい」「楽しい」「やったー！」と感じやすくなります。

身近な例でいうと、夫が家事をちょっと手伝ってくれたとき、「ありがとう！　おかげでトイレがピカピカ！」「うわ～っ、これすっごく美味しい！」と、満面の笑顔で感謝するのです。

よく、「夫が掃除を手伝っても中途半端で汚い」とか、「料理をつくってくれてもまずい」という方がいますが、そうした結果には執着しないことです。

大切なのは、自分のことを手伝ってくれたその気持ちと行動に対して、最大の感謝の言葉と笑顔を贈るのです。

感謝の言葉と笑顔は、相手への思いやりのギフトです。

どんなに小さなことでも、感謝と笑顔のギフトを贈り続けるのです。

「いつも働いてくれてありがとうね」

「その笑顔にいつも癒されるなあ」

「健康に感謝！」

いつもそんなギフトを贈り続けていると、ある日、棚から大きなぼたもちのギフトが降ってくるのです。

そのギフトは、あなたが贈り続けた感謝と笑顔のギフトに対するこたえです。

小さな種に毎日せっせと水をあげていると、芽が出て、どんどん成長して、ある日、美しい花を咲かせてくれます。

あなたが水というギフトをあげることで、花というギフトがあなたにもたらされるのです。

「心から思っていないと感謝の言葉なんていえない」と思われるかもしれませんが、たとえ最初は形だけであっても、感謝の言葉をアウトプットし続けていると、それが自分の血肉になっていきます。

なぜなら、脳はインプットするときより、アウトプットするときのほうが、理解が深まるからです。

アウトプットする際には、さまざまな角度からそのことを深く見つめ直すようになるので、相手に感謝をアウトプットしているうちに、相手の「いいとこ探し」を自然にするようになります。

「ああ、じつはこの人にはこんないい面もあったんだ」

「当たり前と思っていたけど、地道に努力してるたんだなぁ」

そんな風に相手を見直すことで、さらに感謝ポイントがたくさん見つかります。

笑顔と感謝を贈れば、ミラーニューロンの働きで相手からも笑顔と感謝を引き出します。

それによって、幸福な感謝の連鎖が続くのです。

今、世界各国で憎しみの連鎖による紛争が続いていますが、それは自分の身近な人間関係にも起こり得ることです。

憎しみを感謝に変えることで、幸福な感謝の連鎖をつくりましょう。

Method 31

お日さまラブ

朝日はピュアな宇宙のエネルギーの宝庫です。

夜が明けた後、朝一番の淡く優しい朝日のエネルギーのぬくもりで全身が満たされる感覚を味わいながら、目を閉じて、深呼吸をしましょう。

私たちは太陽のおかげで生きています。

太陽に「ありがとう」と感謝しながら深呼吸をすることで、命の原点に帰ることができます。

午前8時までに朝の光を浴びることで、15時間後の夜11時までに眠気が訪れ、体内時計が正常に整います。

ヨガでは太陽のエネルギーをお腹にためる方法を「太陽瞑想」といいます。

名画『アパートの鍵貸します』のヒロイン役などで知られる往年の名女優シャーリー・マクレーンさんは、雪山で遭難したとき、太陽瞑想をして「自分は今あたたかな陽光に包まれている」というイメージを抱くことで、九死に一生を得たそうです。

ミネラルウォーターに午前8時までの朝の光を当てることで、太陽のエネルギーがチャージされた「サンウォーター」ができます。

太陽の恵みに感謝して、「ありがとう」「感謝します」とつぶやいてその水をいただくことで、朝日のピュアなエネルギーを体内に摂り込むことができます。

Method
32

お月さまのしずく

月には古来より神秘的なパワーがあると信じられてきました。

満月から新月まで、満ち欠けを繰り返す月のサイクルに合わせて、エネルギーのチャージや心身のデトックスをしましょう。

満月瞑想

満月はエネルギーが最大に膨張するピークです。

月光の下で、大きな満月の光を感じながら、目を閉じて深呼吸をします。

降り注ぐ月光の下にミネラルウォーターを置いておくと、月のエネルギーに満ちた「ムーンウォーター」ができます。「ありがとうございます」「感謝します」とつぶやいてそれを飲むと、心身が浄化されます。

さらに、Method 1の「寄せては返す波の呼吸」とMethod 7の「見上げてごらん」

を組み合わせて、満月のエネルギーをたっぷり感じてください。

満月から新月へのデトックス

満月から新月へと月がだんだん細くなっていく時期は、モノ、思い、癖などを手放し、心身のデトックスをするのにふさわしい時期です。

たとえば、忙しい人は抱えている仕事のひとつを手放しましょう。

部屋が片づかない人は、室内のものをひとつ捨てましょう。

体重が気になる人は、ダイエットを始めて体重を落とすのに最適です。

Method 18の「ブラーマリーの呼吸」をしたり、Method 22の「好き嫌いノート」を書くのに適した時期でもあります。

新月瞑想

新月は、月が完全に見えなくなる無の状態であると同時に、ゼロから満月に向かってエネルギーがチャージされていくスタート地点でもあります。

リセットして、何か新しいことを始めてみましょう。

Method 29の「夢のマグマをチャージ」をするのにも適したときです。

Method 33

わくわくスケッチ

あなたが「わくわくすること」を、巻末の「わくわくスケッチ10」のページに10個書き出してみてください。

欲しいもの、行きたいところ、達成したいこと——何でもOKです。

そこには必ず、「いつ・誰と・どこで・どんな風に」といったことも、できるだけ具体的に書いてください。

そのシーンを絵で表現していただいてもかまいません。

たとえば「海外旅行」と書いたなら、どんな国や都市に、いつ誰と行って何をしたいかといったことも書きましょう。

「結婚」と書いたなら、誰と、いつ結婚して、どんな家庭を築きたいのかということも書きましょう。

「家を買う」と書いたなら、いつどこにどんな家を買い、どんな間取りやインテリアにして、どんなライフスタイルを楽しみたいかということも書きましょう。

「ヨガのインストラクターになる」と書いたなら、いつどこでどんな風に学んで資格を取り、どこで誰にどんな風に教えたいかということも書きましょう。

想像するのは自由ですから、とにかく自分がわくわくする具体的なイメージを想像して、わくわくするままに書き出してみましょう。

自分のわくわくする願望をすべて具体的に書き出したものを眺めると、心の底からわくわくしてくると思います。

明確な目標を持ち、それをアウトプットして紙に書き出して視覚化すると、脳がそこに向かって指令を出すので、願望が実現する確率が上がります。

おもしろいデータがあります。ハーバード大学が1979年に行った実験では、学生たちに目標についてのアンケートを行った結果、将来の目標を持っていた学生は16%。そのうち、紙に書いていたのはわずか3%でした。その10年後の学生たちの追跡調査によると、目標があった学生は、なかった学生の約2倍の年収があり、目標を紙に書いていた学生は、書いていなかった学生の約10倍の年収があったそうです。

お金＝成功ではありませんが、目標を定めて書くことで、富にも大きな差が出るといえるでしょう。


あなたが書き出した10個のわくわくすることは、1年後にどのくらい実現していると思いますか？

ぜひ、1年後にチェックしてみてください。

また、1年後に、今書き出したものの中で、1番大切だと思うものをひとつだけ選んでください。

きっと、10個書いたばかりの時点で、ひとつだけ選んでくださいといっても、「あれもこれも欲しいし、これもしたい」と迷ってしまって、なかなかひとつに絞り切れないですよね？

でも、この本でご紹介した「きらめきヨガ」のメソッドを1年間実践して身についた方なら、自分自身が最も望むものを見極めることができるはずです。

私が教えている「きらめきヨガ」の教室でも、このわくわくすることを書き出すワークを行っています。

参加者のみなさんは、「あれを買いたい」「これを経験してみたい」という夢をたくさん挙げられます。

一連のヨガのワークをして自分を見つめ直した後にみなさんが最終的に選ばれるのは、健康な心身、家族への愛、生かされていることへの感謝といったテーマにまつわることです。

「きらめきヨガ」の根底にあるメッセージも、まさに健康・愛・感謝です。

あなたのわくわくの先に、健やかさあふれる、愛情と感謝いっぱいの未来が広がっていることを、心の底から願っています！

わくわくスケッチ10

あなたのわくわくする10のことをここに書いてください。
絵で描いてもかまいません。

2

1

3

4

5

6
7
8

9

10

Message

「心身を輝かせる33の脳ポジメソッド きらめきヨガ」を
お読みになった読者のみなさまへ

最後までお読みいただき、大変ありがとうございます。
この本が、みなさまのお役に立てることを心より願っております。
本書をお読みになったみなさまのご意見・ご感想をぜひお聞かせいただきたく、簡単なアンケートにお答えいただけると幸いです。アンケートのお答えを「きらめきヨガ」専用メールにご返信いただいた方には、スペシャルなメソッドをご紹介した動画メッセージをお贈りいたします。

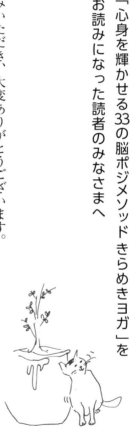

〈アンケート〉

●「きらめきヨガ」のメソッドを実践してよかったと思うことは？
当てはまる項目の番号をいくつでも結構ですので挙げてください。

1．体調がよくなった
2．元気が出た
3．ダイエットできた
4．肩こりや腰痛などが改善した
5．冷え性が改善した
6．きれいになった
7．くよくよ悩まなくなった
8．コミュニケーション力がアップした
9．人間関係がよくなった
10．夢が叶った
11．その他（自由にお書きください）

アンケートのご返信先はこちらです。
takako@kirameki-yoga.jp

みなさまからのメールを
お待ちしております。

林たかこ

■PROFILE
林たかこ Takako Hayashi

1974年新潟生まれ。インド中央政府公認ヴィヴェーナカンダ・ヨガ研究財団認定ヨーガ講師／日本ヨーガ療法学会認定ヨガ教師／シニア&マタニティーヨガ・セラピスト／フリーアナウンサー／SBTスーパーブレイントレーニングJADA（日本能力開発分析）協会認定2級コーチ。20歳の時、『ヤングマガジン』のグラビアアイドルとしてデビューし、各局のドラマなどに出演。現在はイベント企画、企業、教育機関にて訪問ヨガ、セミナーを開催。番組レポーター、イベント司会、CMナレーション等地元テレビ番組や雑誌などで活躍中。2013年、LAでヨガと話し方のセミナーを開催。ヨガをはじめ、大脳生理学、心理学、話し方などを融合した独自の癒しメソッド「きらめきヨガ」で心身が健康になる活動を国内外で展開。

きらめきヨガ公式サイト
http://kirameki-yoga.jp

心身が輝く33の脳ポジメソッド
きらめきヨガ

2015年12月24日〔初版第1刷発行〕

著　者　林たかこ
発行人　佐々木　紀行
発行所　株式会社カナリアコミュニケーションズ
〒141-0031　東京都品川区西五反田6-2-7
ウエストサイド五反田ビル3F
Tel.03-5436-9701　Fax.03-3491-9699
http://www.canaria-book.com

印刷所　本郷印刷株式会社
装　丁　福田　啓子

ISBN978-4-7782-0323-8 C0075

カナリアコミュニケーションズの書籍ご案内

学校では教えてくれない！

オンナの保健体育

ホルミシス効果＆リンパケアの推奨・個性と
運気を知れば免疫力が上がる！

美羽　著

女性が女性の感覚を取り戻すための様々なヒントが満載。女性磨きの集大成となり、人生を楽しく幸せに生きるためのガイドブック。

女性を元気にするバイブル！幸せな結婚を望む方、自分の幸せはなんだろうと考えている方、これから結婚する人はもちろん、既に結婚した人にとっても、気持ちを新たにしたいと感じる時におすすめの1冊！

2015年11月30日発刊
価格　1400円（税別）
ISBN978-4-7782-0314-6

あなたを幸せにする色の使い方

かぐら みさお　著

あなたは自分が幸せになる色を知っていますか？

色には幸せのヒントが隠されている。心の内から反射した色の意味を知ることで、本当の自分を発見することができる。

カラーセラピーで深層心理にせまる。気になる色は、あなたの心の内側を表しています。色の意味を知り、こころのお掃除をするだけで、幸せな人生を歩むことができるでしょう。

そのお手伝いをするのがオーラソーマのカラーセラピーです。

2015年7月15日発刊
価格　1200円（税別）
ISBN978-4-7782-0309-2

カナリアコミュニケーションズの書籍ご案内

1日1分の新習慣
脳プレ体操

一戸 明美　著

頭皮をやわらかく保ち、頭のコリをほぐすことが、
癒しとなり、心身にとても良い効果を発揮する。
1日1分の新習慣で人生が変わる方法を伝授。

2015年5月30日発刊
価格　1400円（税別）
ISBN978-4-7782-0306-1

新たな人生の扉が開く
自他を生かす、話し方の知恵

NPO法人 話し方HR研究所　著

話は聞く人がいて初めて成り立つものであるから、聞き手のことを十分考えて話すことが何より大事となる。聞くことができる人こそが、「自分の言葉」を持つことができる。
仕事や人生に行き詰まっている人は、人生に変化をもたらす転機となる1冊。
日本最大の話し方教室が悩めるあなたをコミュニケーションの達人へと導く！

2014年10月20日発刊
価格　1300円（税別）
ISBN978-4-7782-0283-5